EL JARDÍN SECRETO DE RONDA
Der geheime Garten in Ronda
Eine spannende Geschichte auf Spanisch
für fortgeschrittene Anfänger
mit deutscher Übersetzung und Vokabelliste

von Valerie Springer

Impressum

Titel:
EL JARDÍN SECRETO DE RONDA
Der geheime Garten in Ronda
aus der Reihe "Geschichten auf Spanisch: Lernen leicht gemacht"
Autorin:
Valerie Springer
Illustration Titelbild:
Lenora Sternbach
Copyright:
Verlag: BoD · Books on Demand GmbH, In de Tarpen 42, 22848 Norderstedt, bod@bod.de
Druck: Libri Plureos GmbH, Friedensallee 273, 22763 Hamburg
ISBN: 978-3-7693-4951-1

EL JARDÍN SECRETO DE RONDA

Der geheime Garten in Ronda

Eine spannende Geschichte auf Spanisch
für fortgeschrittene Anfänger
mit deutscher Übersetzung und Vokabelliste

Valerie Springer

¡Bienvenido!

Willkommen!

Lernen hält das Gehirn fit – und was könnte schöner sein, als dabei in eine spannende Geschichte einzutauchen?

Das Ziel dieses Buches ist einfach: Spanisch lernen soll Spaß machen! Lernen soll leicht, angenehm und unterhaltsam sein. Keine trockenen Grammatikübungen oder endlose Vokabellisten, sondern eine Story, die dich unterhält und ganz nebenbei dein Sprachgefühl verbessert.

Du musst keine Vokabeln pauken!

Je mehr du dich auf die Handlung einlässt und mitfühlst, desto leichter merkst du dir die Vokabeln. Denn **emotionales Lesen** aktiviert spezielle Bereiche in deinem Gehirn – das macht es spielerisch leicht, neue Wörter und Phrasen kennenzulernen und zu behalten.

Das ist das Besondere an Geschichten: Mit jedem Kapitel tauchst du tiefer in die spanische Sprache ein, und das ganz ohne Druck. Die Wörter und Phrasen prägen sich in dein Unterbewusstsein ein, einfach weil du sie im Kontext erlebst und durch die Emotionen der Geschichte verstärkst.

So macht Lernen nicht nur Spaß, sondern wird auch besonders effektiv!

Das erwartet dich:

- **Kurze Kapitel:** Die Geschichte ist so geschrieben, dass du sie Schritt für Schritt genießen kannst, ohne überfordert zu sein.
- **Einfache Sprache:** Der Text verwendet klar verständliches Spanisch, das speziell für Anfänger mit Vorkenntnissen angepasst wurde.
- **Deutsche Übersetzungen:** Jedes Kapitel enthält eine deutsche Übersetzung, falls du dich einmal mit dem Sinn eines Satzes schwertust.

So benutzt du dieses Buch:

1. Lies jedes Kapitel in Ruhe. Lass dich von der Geschichte mitreißen.
2. Lies die deutsche Übersetzung, wenn du unsicher bist, ob du den Text richtig verstanden hast.
3. Schau dir die Vokabellisten an, falls du ein Wort nicht verstehst.
4. Lies das Kapitel ein zweites Mal, und diesmal wirst du schon viel mehr verstehen!

Sprachverständnis baut sich Schritt für Schritt auf!

Also: Keine Sorge, wenn du nicht alles sofort verstehst.

Du speicherst unbewusst!

Mit Freude und Geduld wirst du immer besser!

Capítulo 1: Un nuevo comienzo

Javier Sánchez es un joven arquitecto. En Barcelona ha estudiado arquitectura con especialización en la restauración de monumentos históricos. Los edificios antiguos le fascinan desde niño. Le encanta descubrir las historias de las casas y las paredes. Después de sus estudios, quiere trabajar en un lugar que combine historia y belleza. Por eso, solicita un puesto en un pequeño estudio de arquitectura en Ronda y lo consigue.

Clara es su nueva compañera. Trabaja en la oficina desde hace más de 20 años y conoce Ronda como la palma de su mano. Clara tiene unos 45 años, cabello oscuro y una sonrisa amable. Decide ayudar a Javier a adaptarse a la ciudad y al trabajo. "Las primeras semanas siempre son difíciles", le dice. "Pero yo te enseñaré todo, y pronto te sentirás como en casa."

Esta mañana soleada se encuentran frente a la oficina, en una callecita estrecha. La oficina tiene una fachada blanca y contraventanas azules. "Buenos días, Javier", dice Clara. "Ven, te voy a enseñar nuestro próximo proyecto."

Caminan por las calles estrechas del casco antiguo. Clara habla sobre la historia de Ronda, las influencias árabes y la importancia de la ciudad en la Edad Media. Javier la escucha con atención. "Hay tanto que aprender aquí", piensa.

Después de unos minutos, llegan frente a una gran mansión . Es vieja y está un poco deteriorada. Las paredes blancas están grises en algunos lugares, y las contraventanas cuelgan torcidas. Sin embargo, Javier ve enseguida que la casa tiene algo especial.

"Este es nuestro nuevo proyecto", explica Clara. "Se convertirá en un centro cultural. Pero todavía estamos en la fase de planificación. Hoy vamos a hacer una primera inspección."

Javier asiente y mira a su alrededor. Siente cómo la historia de la casa lo fascina. No puede esperar para explorarla con más detalle.

"Creo que aquí aprenderás mucho", dice Clara, dándole una palmada amistosa en el hombro. "Tienes talento, y Ronda tiene historia. Una buena combinación."

Javier sonríe. Se siente motivado y con ganas de trabajar. Hoy es el primer paso en un nuevo capítulo de su vida.

Kapitel 1: Ein neuer Anfang

Javier Sánchez ist ein junger Architekt. In Barcelona hat er er Architektur studiert mit dem Schwerpunkt auf Denkmalschutz. Alte Gebäude faszinieren ihn seit seiner Kindheit. Er liebt es, die Geschichten von Häusern und Mauern zu entdecken. Nach seinem Studium will er an einem Ort arbeiten, der Geschichte und Schönheit verbindet. Deshalb bewirbt er sich bei einem kleinen Architekturbüro in Ronda – und bekommt den Job.

Clara ist seine neue Kollegin. Sie arbeitet seit über 20 Jahren im Büro und kennt Ronda wie ihre Westentasche. Clara ist Mitte 40, hat dunkle Haare und ein offenes Lächeln. Sie beschließt, Javier zu helfen, sich in der Stadt und im Büro einzugewöhnen. "Die ersten Wochen sind immer schwer", sagt sie zu ihm. "Aber ich zeige dir alles, und bald fühlst du dich wie zu Hause."

An diesem sonnigen Morgen treffen sie sich vor dem Büro in einer kleinen Gasse. Das Büro hat eine weiße Fassade und blaue Fensterläden. "Buenos días, Javier", sagt Clara. "Komm, ich zeige dir unser nächstes Projekt."

Sie gehen durch die engen Straßen der Altstadt. Clara spricht über die Geschichte von Ronda, die maurischen Einflüsse und die Bedeutung der Stadt im Mittelalter. Javier hört ihr aufmerksam zu. "Hier gibt es so viel zu lernen", denkt er.

Nach ein paar Minuten stehen sie vor einem großen Herrenhaus. Es ist alt und etwas heruntergekommen. Die weißen Mauern sind an einigen Stellen grau, und die Fensterläden hängen schief. Trotzdem sieht Javier sofort, dass das Haus etwas Besonderes ist.

"Das ist unser neues Projekt", erklärt Clara. "Es soll ein Kulturzentrum werden. Wir sind aber noch in der Planungsphase. Heute machen wir eine erste Begehung."

Javier nickt und sieht sich um. Er spürt, wie ihn die Geschichte des Hauses fasziniert. Er kann es kaum erwarten, es genauer zu erkunden.

"Ich glaube, du wirst hier eine Menge lernen", sagt Clara und klopft ihm freundschaftlich auf die Schulter. "Du hast das Talent, und Ronda hat die Geschichte. Eine gute Kombination."

Javier lächelt. Er fühlt sich motiviert und freut sich auf die Arbeit. Heute ist der erste Schritt in einem neuen Kapitel seines Lebens.

Vokabelliste

el arquitecto	der Architekt
la restauración	die Restaurierung
el monumento	das Denkmal
la historia	die Geschichte
la especialización	die Fachrichtung
la solicitud	die Bewerbung
la oficina	das Büro
la compañera	die Kollegin
adaptarse	sich gewöhnen
difícil	schwierig
el proyecto	das Projekt
la calle	die Straße
el casco antiguo	die Altstadt
la fachada	die Fassade
la contraventana	der Fensterladen
deteriorado/a	heruntergekommen
la fase de planificación	die Planungsphase
la inspección	die Inspektion
el talento	das Talent
la combinación	die Kombination
la mansión	das Herrenhaus

Capítulo 2: La primera inspección

Javier y Clara están frente a la gran puerta de madera de la mansión . Clara saca una llave pesada de su bolso y la gira lentamente en la cerradura. Con un leve chirrido, la puerta se abre. "Bienvenido a tu primer proyecto", dice Clara con una sonrisa.

Javier entra y observa el lugar. El vestíbulo es grande y oscuro. Hay polvo en el suelo, y el aire huele a madera vieja y humedad. En las paredes cuelgan cuadros descoloridos. Algunos muebles aún están en la habitación, pero están dañados y cubiertos de telarañas.

"Esta casa pertenecía a Doña Yolanda", explica Clara. "Era una señora mayor que no tenía familia. Donó la casa al ayuntamiento junto con su fortuna. En su testamento escribió que la casa debía restaurarse y convertirse en un centro cultural."

Javier observa el lugar con admiración. "Es una gran muestra de generosidad. No se ven gestos así con frecuencia."

Clara asiente. "Es cierto. Pero en Ronda, a veces pasa. La gente aquí ama su ciudad. Si pueden, quieren devolverle algo. Doña Yolanda era una de esas personas."

Javier acaricia la superficie de un viejo mueble de madera. "Se siente la historia de este lugar."

Clara sonríe. "Sí, eso dicen todos al principio. Espera a que veamos el sótano. Ahí vas a perder la sonrisa."

Clara guía a Javier por las habitaciones de la planta baja. Hay un gran salón con techos altos, una cocina con una antigua chimenea y varias habitaciones pequeñas que probablemente se usaban como almacenes. Javier toma fotos con su móvil y anota algunos detalles.

"Es un desafío", dice Javier. "Pero me gustan los desafíos. El gran salón es impresionante. Se puede usar para exposiciones o eventos."

"Ese es el plan", responde Clara. "Pero tenemos mucho trabajo por delante. La estructura, la electricidad, las paredes ... todo necesita revisión."

Suben por las escaleras, y Javier siente cómo crujen bajo su peso. La planta superior está en peor estado que la inferior. Faltan algunas ventanas, y el viento sopla por los espacios vacíos. Pero la vista de la ciudad y las montañas cercanas es impresionante.

"Y, ¿te arrepientes de haberte mudado aquí?" pregunta Clara con una sonrisa.

Javier niega con la cabeza. "Para nada. Esto es exactamente lo que quiero hacer."

Clara asiente, satisfecha. "Bien. Mañana viene Elena. Nos ayudará a analizar las pinturas murales. Creo que te caerá bien. Es muy profesional ... y curiosa."

Javier sonríe. "Tengo ganas de conocerla."

Kapitel 2: Die erste Begehung

Javier und Clara stehen vor der großen Holztür des Herrenhauses. Clara zieht einen schweren Schlüssel aus ihrer Tasche und dreht ihn langsam im Schloss. Mit einem leichten Quietschen öffnet sich die Tür. "Willkommen in deinem ersten Projekt", sagt Clara lächelnd.

Javier tritt ein und schaut sich um. Der Eingangsbereich ist groß und dunkel. Staub liegt auf dem Boden, und die Luft riecht nach altem Holz und Feuchtigkeit. An den Wänden hängen verblasste Gemälde. Einige Möbelstücke stehen noch im Raum, aber sie sind beschädigt und von Spinnweben bedeckt.

"Dieses Haus gehörte Doña Yolanda", erklärt Clara. "Sie war eine alte Dame, die keine Familie hatte. Sie hat das Haus der Stadt vermacht, zusammen mit ihrem Vermögen. Im Testament hat sie geschrieben, dass es als Kulturzentrum hergerichtet werden soll."

Javier sieht sich beeindruckt um. "Das ist bewundernswert. Solche Gesten gibt es nicht oft."

Clara nickt. "Das stimmt. Aber in Ronda passiert das manchmal. Die Leute hier lieben ihre Stadt. Sie wollen etwas zurückgeben, wenn sie können. Doña Yolanda war eine von ihnen."

Javier streicht mit der Hand über das alte Holz eines Schrankes. "Man spürt die Geschichte dieses Ortes."

Clara lächelt. "Ja, das sagen alle am Anfang. Warte, bis wir den Keller sehen. Da wird dir das Lächeln vergehen."

Sie führt Javier durch die Räume im Erdgeschoss. Es gibt einen großen Saal mit hohen Decken, eine Küche mit einem alten Kamin und mehrere kleine Räume, die wahrscheinlich als Lagerräume genutzt wurden. Javier macht Fotos mit seinem Handy und notiert sich Details.

"Es ist eine Herausforderung", sagt Javier. "Aber ich mag Herausforderungen. Der große Saal ist beeindruckend. Dort könnte man Ausstellungen oder Veranstaltungen organisieren."

"Das ist der Plan", antwortet Clara. "Aber wir haben viel Arbeit vor uns. Die Statik, die Elektrik, die Wände ... alles muss überprüft werden."

Als sie die Treppe hochsteigen, spürt Javier, wie sie unter seinem Gewicht knarrt. Der obere Stock ist noch schlechter erhalten als das Erdgeschoss. Einige Fenster fehlen, und der Wind weht durch die leeren Räume. Doch die Aussicht auf die Stadt und die umliegenden Berge ist atemberaubend.

"Und, bereust du es schon, hierhergezogen zu sein?" fragt Clara mit einem Augenzwinkern.

Javier schüttelt den Kopf. "Überhaupt nicht. Das hier ist genau das, was ich machen will."

Clara nickt zufrieden. "Gut. Morgen kommt Elena. Sie wird uns bei der Analyse der Wandmalereien helfen. Ich denke, du wirst sie mögen. Sie ist sehr professionell ... und neugierig."

Javier lächelt. "Ich freue mich, sie kennenzulernen."

Vokabelliste

la inspección	die Inspektion / die Begehung
la mansión	das Herrenhaus
la llave	der Schlüssel
la cerradura	das Schloss
la puerta	die Tür
el polvo	der Staub
los muebles	die Möbel
las telarañas	die Spinnweben
el testamento	das Testament
la fortuna	das Vermögen
el ayuntamiento	das Rathaus / das Amt
restaurar	restaurieren
el desafío	die Herausforderung
la pintura mural	die Wandmalerei
la estructura	die Struktur / die Statik
el viento	der Wind
la electricidad	die Elektrizität
revisar	reparieren / überprüfen
la escalera	die Treppe
la vista	die Aussicht

Capítulo 3: Un nuevo encuentro

A la mañana siguiente, Javier llega temprano a la oficina. El aire es fresco y los primeros rayos de sol iluminan las fachadas blancas de la ciudad. Clara ya lo está esperando. "Hoy vamos a conocer a Elena", dice mientras guarda su bolso. "Es una experta en historia del arte. Nos ayudará a analizar las pinturas murales."

Javier asiente, intrigado. En Barcelona trabajó a menudo con historiadores del arte, pero cada ciudad tiene sus propias historias y secretos.

Frente a la mansión , Elena ya los está esperando. Es más o menos de la misma edad que Javier, tiene ojos marrones y lleva un bolso lleno de cuadernos y libros. Al ver a Javier, sonríe. "Hola, tú debes de ser Javier", dice mientras le tiende la mano.

"Sí, mucho gusto", responde Javier, sintiendo un breve momento de timidez. Es como si Elena pudiera verlo más allá de las palabras.

Clara rompe el breve silencio. "Bien, empecemos. Elena, te mandé las fotos que tomamos ayer. No estamos seguros de lo que hay bajo el revoque."

"Déjame ver", dice Elena entrando al gran salón. Observa la pared detenidamente, toca con cuidado la superficie y finalmente asiente. "Es un fresco. Se pueden ver las capas que se pintaron encima. Probablemente lo cubrieron hace muchos años, tal vez durante una reforma."

Javier la mira con curiosidad. "¿Puedes ver qué representa?"

Elena sonríe. "Todavía no. Pero noto algunos detalles que pueden ser parte de un paisaje. Quizás tenga que ver con un jardín."

"¿Un jardín?" pregunta Javier.

"Sí, es solo una hipótesis. Pero lo descubriremos. Hace falta tiempo, paciencia ... y un poco de suerte", dice Elena, guiñando un ojo.

Mientras trabajan, Elena cuenta más sobre su oficio. Ya ha analizado muchos frescos, pero cada uno es único. "A veces nos cuentan historias sobre las personas que vivieron aquí", explica. "Estoy segura de que este fresco guarda un secreto."

Al final del día, cuando terminan la jornada, Javier se queda un rato frente a la mansión . Frente a la fachada vieja hay un pequeño banco de piedra, desde donde se puede ver la garganta y las montañas cercanas. Javier se sienta, estira las piernas y se recuesta. El sol se pone lentamente, tiñendo el paisaje con una luz dorada. Piensa en Elena, en su entusiasmo por el arte y en cómo hizo que el fresco pareciera cobrar vida con solo unos cuantos gestos.

"Este lugar tiene algo realmente mágico", murmura para sí mismo.

Kapitel 3: Eine neue Begegnung

Am nächsten Morgen kommt Javier früh ins Büro. Die Luft ist frisch, und die ersten Sonnenstrahlen fallen auf die weißen Fassaden der Stadt. Clara wartet bereits auf ihn. "Heute treffen wir Elena", sagt sie, während sie ihre Tasche packt. "Sie ist eine Expertin für Kunstgeschichte. Sie wird uns bei der Analyse der Wandmalereien helfen."

Javier nickt. Er ist gespannt. In Barcelona hat er oft mit Kunsthistoriker:innen zusammengearbeitet, aber jede Stadt hat ihre eigenen Geschichten und ihre eigenen Geheimnisse.

Vor dem Herrenhaus wartet Elena bereits. Sie ist etwa in Javiers Alter, hat braune Augen und trägt eine Umhängetasche voller Notizbücher und Bücher. Als sie Javier sieht, lächelt sie. "Hallo, du bist sicherlich Javier", sagt sie und reicht ihm die Hand.

"Ja, freut mich sehr", antwortet Javier und spürt einen kurzen Moment der Verlegenheit. Es ist, als ob sie ihn mit ihrem Blick durchschaut.

Clara unterbricht die kurze Stille. "Gut, dann wollen wir loslegen. Elena, ich habe dir die Fotos geschickt, die wir gestern gemacht haben. Wir sind uns nicht sicher, was unter dem Putz ist."

"Lass mich mal sehen", sagt Elena und geht in den großen Saal. Sie schaut sich die Wand genau an, klopft vorsichtig mit den Fingern darauf und nickt schließlich. "Es ist eine Freske. Man kann die Schichten sehen, die darüber gemalt wurden. Wahrscheinlich wurde sie vor vielen Jahren überdeckt, vielleicht während eines Umbaus."

Javier sieht sie neugierig an. "Kannst du erkennen, was darauf zu sehen ist?"

Elena lächelt. "Noch nicht. Aber ich sehe Details, die auf eine Landschaft hindeuten könnten. Vielleicht hat sie etwas mit einem Garten zu tun."

"Ein Garten?" fragt Javier.

"Ja, das ist nur eine Vermutung. Aber wir werden es herausfinden. Es braucht Zeit, Geduld ... und ein bisschen Glück", sagt Elena und zwinkert.

Während die drei weiterarbeiten, erzählt Elena mehr über ihre Arbeit. Sie hat bereits viele Fresken analysiert, aber jede ist einzigartig. "Manchmal erzählen sie uns Geschichten über die Menschen, die hier gelebt haben", erklärt sie. "Ich bin sicher, diese hier hat ein Geheimnis."

Am Ende des Tages, als die Arbeit beendet ist, bleibt Javier noch vor dem Herrenhaus. Vor der alten Fassade steht eine kleine steinerne Sitzbank, von der aus man die Schlucht und die umliegenden Berge sehen kann. Javier setzt sich, streckt die Beine aus und lehnt sich zurück. Die Sonne geht langsam unter und taucht die Landschaft in goldenes Licht. Er denkt an Elena, an ihre Begeisterung für die Kunst und daran, wie sie die Freske mit wenigen Blicken so lebendig wirken ließ.

"Dieser Ort hat wirklich etwas Magisches", murmelt er vor sich hin.

Vokabelliste

conocer	treffen
el experto / la experta	der Experte / die Expertin
la historia del arte	die Kunstgeschichte
analizar	analysieren
la pintura mural	die Wandmalerei / das Fresko
el revoque	der Putz
la capa	die Schicht
la hipótesis	die Hypothese / die Vermutung
la paciencia	die Geduld
misterioso/a	geheimnisvoll
la historia	die Geschichte
el banco de piedra	die steinerne Bank
la garganta	die Schlucht
la puesta del sol	der Sonnenuntergang
mágico/a	magisch
murmurar	murmeln

Capítulo 4: Primeros descubrimientos

Javier, Clara y Elena estan en la mansión uno de los días siguientes. El sol brilla intensamente y los primeros turistas pasean por las estrechas calles de Ronda. En el gran salón comienzan los trabajos en la pared donde se esconde el fresco.

"Hoy vamos a quitar con cuidado la capa de revoque superior", explica Clara. "Elena, tú nos guías."

"Por supuesto", dice Elena mientras se pone con cuidado los guantes. "Debemos trabajar lenta y delicadamente. Cada movimiento es importante."

Javier observa cómo Elena empieza a retirar la primera capa con una herramienta fina. Sus movimientos son precisos, casi como los de un artista. Después de un rato, Javier sigue sus instrucciones y toma el relevo. Poco a poco algo empieza a aparecer: líneas que parecen partes de un árbol o una planta.

"Eso parece un olivo", dice Javier.

Elena da un paso atrás y asiente. "Podría ser. Los olivos son un símbolo importante en esta región. Pero necesitamos quitar más para estar seguros."

Mientras continúan trabajando, Javier pregunta: "Elena, ¿por qué crees que pintaron el fresco encima?"

Elena reflexiona. "Podría haber muchas razones. Tal vez un nuevo propietario decidió remodelar la pared. O quizás hubo un cambio cultural o político, y el fresco ya no encajaba en esa época."

"Sea cual sea el motivo, es una suerte que ahora lo estemos redescubriendo", añade Clara.

Por la tarde hacen una pausa. Javier se sienta en el pequeño banco de piedra frente a la mansión . Elena se une a él, sosteniendo una botella de agua y mirando a lo lejos.

"¿Qué opinas de Ronda?" pregunta ella.

"Me gusta la ciudad", responde Javier. "Tiene algo atemporal. Y las personas aquí parecen estar muy conectadas con su historia."

Elena sonríe. "Es cierto. A mí me encanta descubrir las historias detrás de las viejas paredes. Cada una cuenta algo sobre las personas que vivieron aquí."

Javier asiente pensativo. "¿Y tú? ¿Por qué elegiste este camino?"

Elena lo mira. "Siempre quise preservar algo. Algo que permanezca cuando todo lo demás cambia. ¿Y tú? ¿Por qué estás aquí?"

Javier duda un momento y luego dice: "Tal vez por la misma razón. Quiero crear algo que perdure."

En ese momento, Javier siente una conexión silenciosa entre ellos, un entendimiento que no necesita muchas palabras. El momento queda sin nombrar, pero en el aire hay una calidez difícil de ignorar.

Por la noche, cuando se van de la mansión , queda la pregunta de qué más revelará el fresco. Y Javier se pregunta si en Ronda no solo ha encontrado un nuevo proyecto, sino también algo más profundo.

Kapitel 4: Erste Entdeckungen

Javier, Clara und Elena sind an einem der folgenden Tage wieder im Herrenhaus. Die Sonne scheint hell, und die ersten Touristen spazieren durch die engen Gassen von Ronda. Im großen Saal beginnen die Arbeiten an der Wand, hinter der die Freske verborgen liegt.

"Heute entfernen wir vorsichtig die oberste Putzschicht", erklärt Clara. "Elena, du leitest uns an."

"Natürlich", sagt Elena und zieht vorsichtig ihre Handschuhe an. "Wir müssen langsam und behutsam vorgehen. Jede Bewegung zählt."

Javier beobachtet, wie Elena mit einem feinen Werkzeug beginnt, die erste Schicht abzutragen. Ihre Bewegungen sind präzise, fast wie die eines Künstlers. Nach einer Weile übernimmt Javier unter ihrer Anleitung die Arbeit. Stück für Stück kommt etwas zum Vorschein: Linien, die wie Teile eines Baumes oder einer Pflanze aussehen.

"Das sieht aus wie ein Olivenbaum", sagt Javier.

Elena tritt einen Schritt zurück und nickt. "Das könnte sein. Olivenbäume sind hier in der Region ein wichtiges Symbol. Aber wir müssen noch mehr freilegen, um sicher zu sein."

Während sie weiterarbeiten, fragt Javier: "Elena, was denkst du, warum wurde die Freske übermalt?"

Elena überlegt. "Es könnte viele Gründe geben. Vielleicht hat ein neuer Besitzer die Wand umgestaltet. Oder es gab einen kulturellen oder politischen Wandel, und die Freske passte nicht mehr in die Zeit."

"Was auch immer der Grund war, es ist ein Glück, dass wir sie jetzt wieder entdecken", fügt Clara hinzu.

Am Nachmittag machen sie eine Pause. Javier setzt sich auf die kleine steinerne Bank vor dem Haus. Elena gesellt sich zu ihm, hält eine Wasserflasche in der Hand und sieht in die Ferne.

"Was denkst du über Ronda?" fragt sie.

"Ich mag die Stadt", antwortet Javier. "Sie hat etwas Zeitloses. Und die Menschen hier scheinen sehr mit ihrer Geschichte verbunden zu sein."

Elena lächelt. "Das stimmt. Ich liebe es, die Geschichten hinter den alten Mauern zu entdecken. Jede erzählt etwas über die Menschen, die hier lebten."

Javier nickt nachdenklich. "Und was ist mit dir? Warum hast du diesen Weg gewählt?"

Elena sieht ihn an. "Ich wollte immer etwas bewahren. Etwas, das bleibt, wenn alles andere sich verändert. Und du? Warum bist du hier?"

Javier zögert kurz, dann sagt er: "Vielleicht aus dem gleichen Grund. Ich will etwas schaffen, das bleibt."

In diesem Moment spürt Javier eine stille Verbindung zwischen ihnen, ein Verständnis ohne viele Worte. Der Moment bleibt unausgesprochen, aber es liegt eine Wärme in der Luft, die schwer zu übersehen ist.

Am Abend, als sie das Haus verlassen, bleibt die Frage, was die Freske noch alles enthüllen wird. Und Javier fragt sich, ob er in Ronda nicht nur ein neues Projekt, sondern auch etwas Tieferes gefunden hat.

Vokabelliste

descubrir	entdecken
la capa	die Schicht
el revoque	der Putz / der Verputz
la herramienta	das Werkzeug
preciso/a	präzise
el símbolo	das Symbol
el olivo	der Olivenbaum
quitar	entfernen
restaurar	restaurieren
conectar	verbinden
preservar	bewahren
atemporal	zeitlos
la historia	die Geschichte
la pregunta	die Frage
la noche	der Abend
la calidez	die Wärme

Capítulo 5: Una pista oculta

Con el paso de los días, Javier, Clara y Elena continúan trabajando en la mansión . El gran salón se ha convertido en su espacio principal de trabajo. Poco a poco, el fresco empieza a cobrar vida: un árbol con ramas extendidas, una fuente con agua fluyendo suavemente y, al fondo, un paisaje sugerido que va tomando forma lentamente.

"Es realmente hermoso", dice Elena mientras retira con cuidado un trozo más de revoque. "Parece que este lugar tenía un significado especial."

"¿Crees que podría ser una representación simbólica?" pregunta Javier.

Elena asiente. "Tal vez. O muestra un lugar real. Lo descubriremos."

Mientras Clara documenta los avances, Javier encuentra algo llamativo cerca del borde inferior del fresco: pequeños detalles que parecen una especie de representación esquemática. Elena se acerca. "Esto parece un dibujo ... quizás un plano o un croquis."

"Si esto es un plano", dice Clara, "tenemos que compararlo con los registros antiguos del ayuntamiento. Cada ciudad conserva documentos sobre edificios históricos y terrenos. Tal vez encontremos algo sobre el jardín."

Por la tarde, visitan el ayuntamiento de Ronda. Un empleado amable los guía al archivo. Los estantes están llenos de documentos antiguos, planos y mapas. Después de un rato, encuentran un plano de la mansión que data de hace unos 200 años.

"¡Mira esto!" dice Javier, señalando un croquis del terreno trasero. "Aquí está dibujado un jardín, pero faltan los detalles."

Elena asiente. "Es típico de la época. En ese entonces, no se preocupaban por mediciones exactas. Todo lo que estaba fuera de los edificios se representaba de forma general. Pero aquí hay una línea punteada ... ¿la ves?"

Javier señala la línea. "Podría ser un muro. Pero, ¿por qué dividirían el terreno así?"

"Buena pregunta", dice Clara. "Tal vez había un jardín oficial, accesible para todos, y otra parte privada, reservada para la familia o invitados especiales."

De regreso en la mansión , inspeccionan el jardín visible, que los jardineros ya han comenzado a restaurar. Las plantas viejas están siendo retiradas y los caminos y parterres empiezan a recuperar su forma. Sin embargo, detrás de un arbusto marchito, cubierto de ramas viejas y hiedra envejecida, descubren una puerta antigua. Había estado completamente oculta hasta que los jardineros la desenterraron durante las tareas de limpieza.

"Esta puerta lleva a algún lugar", dice Javier mientras toca la madera desgastada. "Si el fresco y los planos tienen razón, podría haber algo especial detrás ... tal vez un jardín secreto."

Elena observa la puerta con fascinación. "Eso explicaría por qué Doña Yolanda hablaba tan a menudo de este lugar con palabras tan significativas. Lo llamaba 'el corazón de la casa', escondido del mundo."

Clara asiente. "Pero muchos pensaban que hablaba de un lugar imaginario. Nadie habría creído que aquí realmente existía algo así."

"Entonces tenemos que descubrirlo", dice Javier. "Mañana traeremos las herramientas para abrir esta puerta."

Por la tarde, Javier se sienta de nuevo en el banco de piedra frente a la mansión . El atardecer baña la ciudad con una luz dorada. Piensa en el fresco, los planos antiguos y las palabras de Doña Yolanda. "Tal vez tenía razón", murmura. "Tal vez este jardín sea realmente mágico."

Kapitel 5: Ein verborgener Hinweis

Mit der Zeit setzen Javier, Clara und Elena ihre Arbeit im Herrenhaus fort. Der große Saal ist nun ihr Hauptarbeitsbereich. Allmählich nimmt das Fresko Gestalt an: ein Baum mit ausgebreiteten Ästen, ein Brunnen mit sanft fließendem Wasser und im Hintergrund ein langsam sich entfaltendes Landschaftsbild.

"Das ist wirklich wunderschön", sagt Elena, während sie ein weiteres Stück Putz vorsichtig ablöst. "Es sieht aus, als hätte dieser Ort eine besondere Bedeutung gehabt."

"Meinst du, es könnte eine symbolische Darstellung sein?" fragt Javier.

Elena nickt. "Vielleicht. Oder es zeigt einen realen Ort. Das werden wir herausfinden."

Während Clara die Fortschritte dokumentiert, entdeckt Javier in der Nähe des unteren Freskenrandes etwas Auffälliges: winzige Details, die wie eine schematische Darstellung wirken. Elena tritt näher heran. "Das sieht aus wie eine Skizze – vielleicht eine vereinfachte Karte oder ein Grundriss."

"Wenn das wirklich ein Grundriss ist", sagt Clara, "müssen wir das mit den alten Plänen der Gemeinde vergleichen. Jede Stadt führt Aufzeichnungen über historische Gebäude und Grundstücke. Vielleicht finden wir etwas über den Garten."

Am Nachmittag besuchen sie das Rathaus von Ronda. Ein freundlicher Mitarbeiter führt sie in das Archiv. Die Regale sind gefüllt mit alten Akten, Plänen und Karten. Nach einer Weile finden sie tatsächlich einen Grundriss des Herrenhauses, der etwa 200 Jahre alt ist.

"Schau dir das an!" sagt Javier und zeigt auf eine Skizze des hinteren Grundstücks. "Hier ist ein Garten eingezeichnet, aber die Details fehlen völlig."

Elena nickt. "Das ist typisch für diese Zeit. Damals hat man sich nicht um genaue Vermessungen gekümmert. Alles, was außerhalb der Gebäude lag, wurde nur grob skizziert. Aber es gibt eine Andeutung einer Trennung ... siehst du das?"

Javier zeigt auf eine gepunktete Linie auf dem Plan. "Das könnte eine Mauer sein. Aber warum würde man ein Grundstück so aufteilen?"

"Das ist eine gute Frage", sagt Clara. "Vielleicht gab es einen offiziellen Garten, der allen zugänglich war, und einen privaten Bereich, der nur für die Familie oder spezielle Gäste gedacht war."

Zurück am Herrenhaus inspizieren sie den sichtbaren Garten, der bereits von den Gärtnern bearbeitet wird. Die alten Pflanzen werden entfernt, und Wege sowie Beete nehmen langsam wieder Form an. Hinter einem morschen Busch, der von dicken alten Zweigen und gealtertem Efeu bedeckt war, entdecken sie jedoch ein altes Tor. Es war bis vor kurzem vollständig verdeckt und wäre ohne die Arbeit der Gärtner nie gefunden worden.

"Dieses Tor führt irgendwohin", sagt Javier, während er das verwitterte Holz berührt. "Wenn die Freske und die

Pläne recht haben, könnte dahinter etwas Besonderes sein – vielleicht ein geheimer Garten."

Elena betrachtet das Tor fasziniert. "Das würde erklären, warum Doña Yolanda so oft in bedeutungsvollen Worten von diesem Ort gesprochen hat. Sie hat ihn als ‚das Herz des Hauses' beschrieben, versteckt vor der Welt."

Clara nickt. "Aber viele dachten, sie spricht von einem imaginären Ort. Niemand hätte geglaubt, dass es hier tatsächlich so etwas gibt."

"Dann müssen wir es herausfinden", sagt Javier. "Morgen holen wir Werkzeug, um das Tor zu öffnen."

Am Abend sitzt Javier wieder auf der steinernen Bank vor dem Haus. Der Sonnenuntergang taucht die Stadt in ein goldenes Licht. Er denkt an die Freske, die alten Pläne und Doña Yolandas Worte. "Vielleicht hatte sie recht", murmelt er. "Vielleicht ist dieser Garten wirklich magisch."

Vokabelliste

la pista	der Hinweis / die Piste
descubrir	entdecken
el plano	der Plan / der Grundriss
el archivo	das Archiv
el muro	die Mauer
la puerta	die Tür
desgastado/a	verwittert
de madera	hölzern
la hiedra	der Efeu
escondido/a	versteckt
restaurar	restaurieren
el jardinero / la jardinera	der Gärtner / die Gärtnerin
el parterre	das Parterre / das Beet
secreto/a	geheim
mágico/a	magisch
significativo/a	bedeutungsvoll
visible	sichtbar

Capítulo 6: La puerta se abre

A la mañana siguiente, Javier, Clara y Elena llegan temprano a la mansión . Javier lleva una caja de herramientas. Están frente a la vieja puerta, que aún permanece firmemente cerrada.

"¿Estás seguro de que puedes abrirla?" pregunta Clara mientras mira la madera desgastada con escepticismo.

"Estoy seguro", responde Javier con una ligera sonrisa. "Parece antigua, pero no creo que la cerradura sea complicada."

Elena está junto a él, con los ojos llenos de emoción. "Esto se siente como un descubrimiento de un libro de aventuras. ¿Qué crees que hay detrás?"

"Tal vez solo un patio descuidado", dice Clara. "O quizá un verdadero jardín, como Doña Yolanda siempre decía."

Javier comienza a trabajar en la cerradura con movimientos cuidadosos. Toma un tiempo, pero finalmente se escucha un clic suave, y la puerta se abre un poco. Un aroma a tierra y plantas les llega inmediatamente.

"Ahí está", dice Javier satisfecho. Empuja la puerta, y detrás de ella aparece un jardín que parecía olvidado por el tiempo. Altas hierbas y arbustos cubren el suelo, pero todavía se pueden distinguir las estructuras de un jardín diseñado con esmero. Una vieja escalera de piedra desciende hacia un pozo rodeado de un pequeño estanque. Desde allí, caminos delimitados por piedras desgastadas serpentean por el jardín.

El aire está lleno de un aroma fresco y misterioso. En los bordes del jardín crecen cipreses, cuyas sombras caen sobre los parterres abandonados. La hiedra trepa por los bancos de piedra y las barandas, mientras un pequeño arroyo murmura suavemente hacia el pozo.

Elena da un paso adelante y contempla el jardín con los ojos muy abiertos. "Es increíble. Es como si el tiempo se hubiera detenido aquí."

Clara se acerca a uno de los bancos de piedra desgastados y pasa la mano por su superficie. "Es realmente un jardín. Y no cualquier jardín: este debe haber sido el lugar de retiro privado de la familia."

Javier observa a su alrededor. Los rayos del sol atraviesan las ramas de los árboles, y el jardín se siente tranquilo, casi sagrado. "No me sorprende que Doña Yolanda describiera este lugar como mágico", murmura. "Realmente se siente especial."

Mientras exploran el jardín, encuentran restos de plantas antiguas que ya no se ven en los jardines oficiales de Ronda. Elena descubre un pequeño relieve de piedra en el pozo, que muestra símbolos similares a los del fresco.

"Esto conecta todo", dice Elena emocionada. "El fresco, los planos y este jardín ... es como si la familia hubiera creado este lugar para preservar algo valioso."

Clara asiente. "Debemos ser cuidadosos al trabajar aquí. Este jardín merece ser restaurado con delicadeza."

Por la tarde, después de un largo día de descubrimientos, Javier se sienta de nuevo en el banco de piedra frente a la mansión . Su mirada se mueve entre el jardín visible, que los jardineros están restaurando, y el jardín secreto detrás de la puerta. Siente una mezcla de orgullo y la certeza de que están descubriendo algo realmente único.

Kapitel 6: Das Tor öffnet sich

Am nächsten Morgen kommen Javier, Clara und Elena früh zum Herrenhaus. Javier trägt einen Werkzeugkasten. Sie stehen vor dem alten Tor, das noch immer fest verschlossen ist.

"Bist du sicher, dass du es öffnen kannst?" fragt Clara und sieht das verwitterte Holz skeptisch an.

"Ich bin zuversichtlich", sagt Javier mit einem leichten Lächeln. "Es sieht alt aus, aber ich denke, das Schloss ist nicht kompliziert."

Elena steht neben ihm, ihre Augen leuchten vor Aufregung. "Das fühlt sich an wie eine Entdeckung aus einem Abenteuerbuch. Was glaubst du, was dahinter ist?"

"Vielleicht nur ein verwilderter Hof", sagt Clara. "Oder vielleicht wirklich ein Garten, wie Doña Yolanda immer erzählt hat."

Javier beginnt, mit vorsichtigen Bewegungen das alte Schloss zu bearbeiten. Es dauert eine Weile, aber schließlich gibt es ein leises Klicken, und das Tor öffnet sich einen Spalt. Ein Duft von Erde und Pflanzen dringt ihnen entgegen.

"Das war's", sagt Javier zufrieden. Er drückt das Tor weiter auf, und dahinter breitet sich ein Garten aus, der von der Zeit vergessen schien. Hohe Gräser und Büsche bedecken den Boden, aber darunter sind noch die Strukturen eines kunstvoll angelegten Gartens zu erkennen. Eine alte, steinerne Treppe führt hinunter zu einem Brunnen, umgeben von einem kleinen Wasserbecken. Von hier aus schlängeln sich Wege, eingefasst von verwittertem Stein, durch den Garten.

Die Luft ist erfüllt von einem frischen, aber gleichzeitig geheimnisvollen Duft. An den Rändern des Gartens wachsen Zypressen, die ihre Schatten über die verfallenen Beete werfen. Efeu rankt sich um die steinernen Bänke und Geländer, während ein kleiner Wasserlauf leise in den Brunnen plätschert.

Elena tritt vor und betrachtet den Garten mit großen Augen. "Das ist unglaublich. Es ist, als ob die Zeit hier stehen geblieben ist."

Clara geht zu einer der verwitterten Steinbänke und streicht mit der Hand über die Oberfläche. "Es ist tatsächlich ein Garten. Und nicht irgendeiner – das muss der private Rückzugsort der Familie gewesen sein."

Javier sieht sich um. Die Sonnenstrahlen brechen durch die Äste der Bäume, und der Garten wirkt ruhig, fast heilig. "Kein Wunder, dass Doña Yolanda diesen Ort als magisch beschrieben hat", murmelt er. "Es fühlt sich wirklich besonders an."

Während sie den Garten erkunden, finden sie Überreste von alten Pflanzenarten, die längst nicht mehr in den offiziellen Gärten Rondas zu sehen sind. Elena entdeckt ein kleines Steinrelief am Brunnen, das Symbole zeigt, die denen auf der Freske ähneln.

"Das verbindet alles", sagt Elena aufgeregt. "Die Freske, die Pläne und dieser Garten – es ist, als ob die Familie diesen Ort geschaffen hat, um etwas Kostbares zu bewahren."

Clara nickt. "Wir sollten vorsichtig sein, wenn wir hier weiterarbeiten. Dieser Garten verdient es, behutsam restauriert zu werden."

Am Abend, nach einem langen Tag der Entdeckung, bleibt Javier wieder vor dem Herrenhaus sitzen. Sein Blick wandert zwischen dem sichtbaren Garten, der von den Gärtnern neu gestaltet wird, und dem geheimen Garten hinter dem Tor. In ihm wächst ein Gefühl von Stolz – und die Erkenntnis, dass sie etwas Besonderem auf der Spur sind.

Vokabelliste

la herramienta	das Werkzeug
la cerradura	das Schloss
desgastado/a	alt / verwittert
abrir	öffnen
el jardín	der Garten
el pozo	der Brunnen
el arroyo	der Wasserlauf
la escalera de piedra	die Steintreppe
la hiedra	der Efeu
la sombra	der Schatten
secreto/a	geheim
restaurar	zurücksetzen / restaurieren
el símbolo	das Symbol
el relieve	das Relief
valioso/a	wertvoll
intemporal	zeitlos
mágico/a	magisch
la satisfacción	die Zufriedenheit
el orgullo	der Stolz

Capítulo 7: El jardín cuenta su historia

A la mañana siguiente, Javier, Clara y Elena regresan al jardín secreto. Junto con los jardineros, comienzan a despejar los caminos y a retirar la densa vegetación que había cubierto el jardín durante décadas. Mientras los jardineros realizan las tareas más pesadas, Javier y Elena se ocupan de los detalles y documentan los descubrimientos.

"Mirad esto", dice Javier, señalando una pérgola larga y desgastada. Las vigas de madera están cubiertas de viejas plantas trepadoras, pero debajo se pueden apreciar restos de tallados ornamentales. "Aquí debían sentarse para disfrutar del paisaje."

"O tal vez para conversar o reflexionar", añade Elena. Parece fascinada, casi como si puede ver a las personas que en otro tiempo han dado vida a este lugar.

Cerca del pozo, uno de los jardineros encuentra una pequeña caja oxidada medio enterrada en el suelo. Javier y Elena la abren con cuidado y descubren en su interior viejos dibujos y notas. Para su sorpresa, los papeles están envueltos en papel encerado, lo que los ha protegido durante todos estos años.

"Es increíble", dice Elena mientras desdobla una de las notas con cuidado. "Aquí dice: 'Este jardín es el corazón de la casa, un lugar de silencio y recogimiento.' Parece que este jardín no solo era un refugio, sino que tenía un significado simbólico."

Javier observa las notas. "Quizás intentaban preservar algo que consideraban valioso, no solo plantas, sino también una idea de paz."

Mientras continúan trabajando, Clara cuenta que Doña Yolanda solía pasar mucho tiempo sola en este jardín. "La gente siempre pensaba que era un poco excéntrica", dice. "Pero tal vez simplemente sentía lo especial que era este lugar."

Elena asiente. "A veces solo entiendes un lugar cuando estás en él."

Por la tarde deciden examinar el pozo más de cerca. Los jardineros retiran las enredaderas de hiedra que cubren los bordes. En su interior descubren agua limpia, que parece provenir de una fuente subterránea.

"El agua sigue clara", dice Elena asombrada. "Quizás este pozo ha mantenido vivo el jardín todo este tiempo."

Clara observa a su alrededor. "Eso explica por qué el jardín ha sobrevivido todos estos años, aunque nadie lo haya visitado. Esta fuente es su alma."

Los jardineros empiezan a despejar los caminos y los parterres mientras Javier y Elena estudian con más detalle las notas. Los rayos del sol atraviesan las ramas de los árboles, llenando el jardín de una luz suave. Parece que el jardín cobra vida, como si hubiera estado esperando este momento.

"Mañana vamos a revisar estas notas con detenimiento", propone Elena. "Tal vez vamos a descubrir más sobre las personas que han creado este lugar."

Javier la mira y sonríe. "No sólo damos vida a un jardín, sino también a un trozo de historia."

Kapitel 7: Der Garten erzählt seine Geschichte

Am nächsten Morgen kehren Javier, Clara und Elena in den geheimen Garten zurück. Gemeinsam mit den Gärtnern beginnen sie, die Wege freizulegen und das dichte Grün zu entfernen, das den Garten jahrzehntelang überwuchert hat. Während die Gärtner die schwereren Arbeiten erledigen, kümmern sich Javier und Elena um die feinen Details und dokumentieren die Entdeckungen.

"Schaut euch das an", sagt Javier und deutet auf eine lange, verwitterte Pergola. Die Holzbalken sind mit alten Kletterpflanzen bewachsen, doch darunter sieht man die Überreste kunstvoller Schnitzereien. "Hier muss man früher gesessen und die Aussicht genossen haben."

"Oder vielleicht haben sie hier Gespräche geführt oder nachgedacht", ergänzt Elena. Sie wirkt fasziniert, fast so, als würde sie die Menschen sehen, die einst diesen Ort belebten.

In der Nähe des Brunnens hebt einer der Gärtner eine kleine, verrostete Kiste aus dem Boden, die halb vergraben war. Javier und Elena öffnen sie vorsichtig und entdecken darin alte Zeichnungen und Notizen. Zu ihrer Überraschung sind die Papiere in Wachspapier gewickelt, das sie über die Jahre geschützt hat.

"Das ist unglaublich", sagt Elena, während sie eine der Notizen vorsichtig entfaltet. "Hier steht: ‚Dieser Garten ist das Herz des Hauses, ein Ort der Stille und der Einkehr.‘

Es klingt, als wäre der Garten nicht nur ein Rückzugsort, sondern etwas Symbolisches gewesen."

Javier betrachtet die Notizen. "Vielleicht wollten sie hier etwas bewahren, das sie als wertvoll ansahen – nicht nur Pflanzen, sondern auch eine Idee von Frieden."

Während sie weiterarbeiten, erzählt Clara, dass Doña Yolanda oft alleine in diesem Garten war. "Die Leute dachten immer, sie sei etwas eigenartig", sagt sie. "Aber vielleicht hat sie nur gespürt, wie besonders dieser Ort ist."

Elena nickt. "Manchmal versteht man einen Ort erst, wenn man selbst dort ist."

Am Nachmittag beschließen sie, den Brunnen genauer zu untersuchen. Die Gärtner entfernen die Efeuranken, die den Rand überwuchert haben. Im Inneren finden sie sauberes Wasser, das von einer unterirdischen Quelle zu stammen scheint.

"Das Wasser ist noch klar", sagt Elena erstaunt. "Vielleicht hat dieser Brunnen den Garten immer mit Leben erfüllt."

Clara sieht sich um. "Das erklärt, warum der Garten über all die Jahre überlebt hat, obwohl ihn niemand betreten hat. Diese Quelle ist seine Lebensader."

Die Gärtner beginnen damit, die Wege und Beete freizulegen, während Javier und Elena die Notizen genauer studieren. Die Sonnenstrahlen brechen durch die Äste der Bäume und tauchen den Garten in ein sanftes Licht. Der Garten wirkt lebendig, als hätte er nur auf diesen Moment gewartet.

"Morgen werden wir die Notizen im Detail durchsehen", schlägt Elena vor. "Vielleicht erfahren wir mehr über die Menschen, die diesen Ort geschaffen haben."

Javier sieht zu ihr hinüber und lächelt. "Wir erwecken nicht nur einen Garten zum Leben, sondern auch ein Stück Geschichte."

Vokabelliste

la pérgola	die Pergola
la madera	das Holz
las plantas trepadoras	Kletterpflanzen
tallado/a	geschnitzt
la nota	die Notiz
el dibujo	die Zeichnung
el papel encerado	das Wachspapier
proteger	schützen
simbólico/a	symbolisch
el silencio	die Ruhe
el refugio	der Rückzugsort
el pozo	der Brunnen
la fuente	die Quelle
subterráneo/a	unterirdisch
limpiar	reinigen
sobrevivir	überleben
el camino	der Weg
el parterre	das Parterre / Beet
la historia	die Geschichte

Capítulo 8: Secretos en las notas

Al día siguiente, Javier y Elena están sentados en el gran salón de la mansión . Sobre la mesa frente a ellos están las notas y los dibujos de la caja oxidada. Clara ha dado instrucciones a los jardineros para continuar con la restauración de los caminos y los parterres, mientras ella se concentra junto a Javier y Elena en el análisis de los documentos.

"Mira esto", dice Elena, señalando una de las notas. "Aquí dice: 'El jardín debe permanecer oculto hasta que el momento sea el adecuado.' La familia ha decidido intencionalmente cerrarlo."

"¿Pero por qué?" pregunta Javier. "¿Qué es tan especial que han decidido bloquear el acceso?"

Siguen leyendo las notas. Una descripción destaca: "Este jardín ha sido nuestro lugar seguro, nuestra protección contra el mundo. Pero el mundo ha cambiado, y ahora es el momento de que también nosotros cambiemos."

Elena deja la nota a un lado y suspira. "Casi suena como si la familia hubiera perdido algo, tal vez un sentido de seguridad o unidad."

Javier observa los dibujos. Algunos muestran el jardín con detalles precisos, mientras que otros son más poéticos, como un homenaje a un lugar que fue importante para las personas. Uno de los dibujos muestra el pozo con las palabras: "El pozo es el corazón. Da vida, pero también protege lo que debe permanecer oculto."

"Tal vez lo han cerrado para preservarlo", reflexiona Clara, que se ha acercado. "Es un lugar de paz, intacto ante los cambios del mundo."

Elena asiente. "Eso explicaría por qué Doña Yolanda nunca lo mencionó públicamente. Quería que fuera un secreto, solo descubierto por aquellos que realmente pudieran entenderlo."

Por la tarde, regresan al jardín para observar los caminos y parterres restaurados. Los jardineros han hecho un gran trabajo, y la estructura original del jardín se hace cada vez más visible. Javier se queda un rato junto al pozo, como si estuviera pensando.

"Me pregunto si este jardín fue un tipo de refugio, pero tal vez también algo más", dice finalmente. "Un símbolo de la familia, de sus valores o de su creencia en algo más grande."

Elena sonríe. "Eso podría ser. Y tal vez tenemos una responsabilidad de preservar este legado."

"Definitivamente", dice Clara. "Pero debemos hacerlo con cuidado. No todo lo que encontremos debe hacerse público."

Cuando el sol se pone, se sientan en el banco de piedra frente a la mansión y reflexionan sobre los eventos del día. El jardín lentamente cuenta su historia, y las notas les ayudan a entender por qué estuvo oculto tanto tiempo.

"Debemos contar esta historia de la manera correcta", dice Javier pensativo. "No solo para nosotros, sino también para la ciudad."

"Y para las personas que han creado este jardín", añade Elena.

Kapitel 8: Geheimnisse in den Notizen

Am nächsten Tag sitzen Javier und Elena im großen Saal des Herrenhauses. Auf dem Tisch vor ihnen liegen die Notizen und Zeichnungen aus der verrosteten Kiste. Clara hat die Gärtner angewiesen, mit der Restaurierung der Wege und Beete fortzufahren, während sie sich mit Javier und Elena auf die Analyse der Dokumente konzentriert.

"Schau dir das an", sagt Elena und zeigt auf eine der Notizen. "Hier steht: ‚Der Garten sollte verborgen bleiben, bis die Zeit reif ist.' Das klingt, als hätte die Familie absichtlich entschieden, ihn zu verschließen."

"Aber warum?" fragt Javier. "Was könnte so besonders gewesen sein, dass sie den Zugang versperrt haben?"

Sie gehen die Notizen weiter durch. Eine Beschreibung sticht hervor: "Dieser Garten war unser sicherer Ort, unser Schutz vor der Welt. Doch die Welt hat sich verändert, und es ist an der Zeit, dass auch wir uns verändern."

Elena legt die Notiz beiseite und seufzt. "Es klingt fast so, als hätte die Familie etwas verloren – vielleicht ein Gefühl der Sicherheit oder Einheit."

Javier betrachtet die Zeichnungen. Einige zeigen den Garten mit präzisen Details, während andere eher poetisch wirken, wie eine Hommage an einen Ort, der den Menschen wichtig war. Eine der Zeichnungen zeigt den Brunnen mit den Worten: "Der Brunnen ist das Herz. Er gibt Leben, doch er schützt auch, was verborgen bleiben muss."

"Vielleicht haben sie den Garten verschlossen, um ihn zu bewahren", überlegt Clara, die sich dazu setzt. "Er sollte ein Ort des Friedens bleiben, unberührt von den Veränderungen der Welt."

Elena nickt. "Das würde erklären, warum Doña Yolanda ihn nie öffentlich erwähnt hat. Sie wollte, dass er ein Geheimnis bleibt, das nur von denjenigen entdeckt wird, die ihn wirklich verstehen können."

Am Nachmittag gehen sie in den Garten zurück, um die restaurierten Wege und Beete zu begutachten. Die Gärtner haben ganze Arbeit geleistet, und die ursprüngliche Struktur des Gartens wird immer deutlicher sichtbar. Javier bleibt eine Weile am Brunnen stehen, als ob er nachdenken würde.

"Ich frage mich, ob dieser Garten eine Art Rückzugsort war, aber vielleicht auch mehr", sagt er schließlich. "Ein Symbol für die Familie, für ihre Werte oder ihren Glauben an etwas Größeres."

Elena lächelt. "Das könnte sein. Und vielleicht haben wir eine Verantwortung, dieses Vermächtnis zu bewahren."

"Definitiv", sagt Clara. "Aber wir müssen es mit Bedacht tun. Nicht alles, was wir finden, sollte öffentlich werden."

Als die Sonne untergeht, sitzen sie auf der steinernen Bank vor dem Herrenhaus und reflektieren über die Ereignisse des Tages. Der Garten erzählt langsam seine Geschichte, und die Notizen helfen ihnen zu verstehen, warum er so lange verborgen blieb.

"Wir müssen diese Geschichte richtig erzählen", sagt Javier nachdenklich. "Nicht nur für uns, sondern auch für die Stadt."

"Und für die Menschen, die diesen Garten einst geschaffen haben", fügt Elena hinzu.

Vokabelliste

la nota	die Notiz
el dibujo	die Zeichnung
oculto/a	verborgen
cerrar	verschließen
especial	besonders
la seguridad	die Sicherheit
la unidad	die Einheit
poético/a	poetisch
la protección	der Schutz
el corazón	das Herz
preservar	bewahren
intacto/a	unberührt
el cambio	die Veränderung
la responsabilidad	die Verantwortung
público/a	öffentlich
descubrir	entdecken
reflexionar	reflektieren
lentamente	langsam
el momento	der Moment
realmente	wirklich

Capítulo 9: La verdad detrás del jardín

En las semanas posteriores al descubrimiento del jardín secreto, Javier, Elena y Clara trabajan estrechamente con los jardineros y el equipo de restauración. Mientras los jardineros desentierran poco a poco la estructura original del jardín, las obras en la mansión también avanzan. Las habitaciones interiores se limpian, se reparan las paredes dañadas, y el gran salón empieza a recuperar su antiguo esplendor.

Javier y Elena se reúnen casi todos los días para analizar las notas de la caja oxidada. Se han instalado en una pequeña sala ya restaurada de la casa, donde extienden los documentos sobre una gran mesa de madera.

"Mira esto", dice Javier, señalando una de las notas. "Aquí dice: 'El jardín ha sido nuestro refugio en tiempos oscuros.' ¿Qué crees que significa?"

"En el siglo XIX, esta región vivió mucha incertidumbre", responde Elena. "Bandidos, tensiones políticas, tal vez conflictos personales. Parece que esta familia creó el jardín intencionadamente como un lugar de retiro."

En otra nota descubren una descripción detallada del jardín: "Los cipreses en el borde protegen el núcleo interior. El pozo da vida, y los parterres reflejan el ciclo de las estaciones."

"Es impresionante cuánto simbolismo tiene este lugar", comenta Elena. "Realmente lo diseñaron con mucha intención."

Javier asiente. "Y aun así lo cerraron. Debe haber habido una razón."

Progresos en el jardín

Después de varias semanas de arduo trabajo, el jardín empieza a tomar forma. Los jardineros han restaurado los antiguos senderos, estabilizado la pérgola y limpiado los parterres. El pozo vuelve a manar agua después de que se haya limpiado la fuente subterránea. Las plantas que sobrevivieron parecen revitalizarse en este entorno renovado.

"Parece que el jardín está cobrando vida de nuevo", comenta Clara una mañana mientras observa los avances junto a Javier y Elena.

"Es asombroso", añade Elena. "Este lugar estuvo escondido durante décadas, pero ha sobrevivido, gracias a la fuente y al amor con el que fue creado."

Un símbolo de esperanza

En una de las últimas notas que leen, Javier y Elena encuentran una explicación de por qué el jardín fue cerrado: "No cerramos este lugar por miedo, sino por esperanza. Que un día vuelva a traer paz."

"Parece que no lo crearon solo para ellos", reflexiona Elena. "Querían que fuera un legado."

"Y ahora depende de nosotros preservar ese legado", responde Javier.

Al final de la semana, cuando la restauración del jardín está casi terminada, Javier, Elena y Clara se sientan en el banco de piedra y contemplan su trabajo. El jardín parece estar en paz, como un monumento vivo.

"Este lugar será un regalo para la ciudad", dice Clara.

Javier asiente. "No es solo un jardín, es un símbolo de lo que realmente importa: paz, unidad y conexión con la naturaleza."

Kapitel 9: Die Wahrheit hinter dem Garten

In den Wochen nach der Entdeckung des geheimen Gartens arbeiten Javier, Elena und Clara eng mit den Gärtnern und dem Restaurierungsteam zusammen. Während die Gärtner Stück für Stück die ursprüngliche Struktur des Gartens freilegen, schreiten auch die Arbeiten am Herrenhaus voran. Die Räume im Inneren werden gereinigt, beschädigte Wände repariert, und der große Saal beginnt langsam, seinen alten Glanz zurückzuerlangen.

Javier und Elena treffen sich fast täglich, um die Notizen aus der verrosteten Kiste zu analysieren. Sie haben sich in einem kleinen, inzwischen restaurierten Raum des Hauses eingerichtet, wo sie die Dokumente auf einem großen Holztisch ausbreiten.

"Hier steht: ‚Der Garten war unser sicherer Hafen in dunklen Zeiten.' Was meinst du, welche Zeiten sie meinen?" fragt Javier, während er eine der Notizen betrachtet.

"Im 19. Jahrhundert gab es in dieser Region viele Unsicherheiten", antwortet Elena. "Banditen, politische Spannungen, vielleicht auch persönliche Konflikte. Es klingt, als hätten sie diesen Garten bewusst als Rückzugsort geschaffen."

In einer weiteren Notiz entdecken sie eine detaillierte Beschreibung des Gartens: "Die Zypressen am Rand schützen den inneren Kern. Der Brunnen gibt Leben, und die Beete spiegeln den Lauf der Jahreszeiten wider."

"Es ist beeindruckend, wie viel Symbolik in diesen Ort eingeflossen ist", sagt Elena. "Sie haben ihn wirklich mit Bedacht gestaltet."

Javier nickt. "Und trotzdem haben sie ihn verschlossen. Es muss einen Grund gegeben haben."

Nach einigen Wochen harter Arbeit nimmt der Garten immer mehr Form an. Die Gärtner haben die alten Wege wiederhergestellt, die Pergola stabilisiert und die Beete von Unkraut befreit. Auch der Brunnen sprudelt wieder, nachdem die unterirdische Quelle gereinigt wurde. Die Pflanzen, die noch erhalten sind, scheinen in der frischen Umgebung aufzublühen.

"Es fühlt sich an, als würde der Garten selbst wieder zum Leben erwachen", sagt Clara eines Morgens, als sie mit Javier und Elena die Fortschritte begutachtet.

"Es ist erstaunlich", fügt Elena hinzu. "Dieser Ort war jahrzehntelang verborgen, aber er hat überlebt – dank der Quelle und der Liebe, mit der er gestaltet wurde."

In einer der letzten Notizen, die Javier und Elena lesen, finden sie eine Erklärung dafür, warum der Garten verschlossen wurde: "Wir schließen diesen Ort nicht aus Angst, sondern aus Hoffnung. Möge er eines Tages wieder Frieden bringen."

"Es klingt, als hätten sie den Garten nicht nur für sich selbst geschaffen", sagt Elena nachdenklich. "Sie wollten, dass er ein Vermächtnis ist."

"Und jetzt liegt es an uns, dieses Vermächtnis zu bewahren", antwortet Javier.

Am Ende dieser Woche, als die Restaurierung des Gartens fast abgeschlossen ist, sitzen Javier, Elena und Clara auf der steinernen Bank und betrachten ihre Arbeit. Der Garten wirkt friedlich, fast wie ein lebendiges Denkmal.

"Dieser Ort wird ein Geschenk für die Stadt sein", sagt Clara.

Javier nickt. "Es ist nicht nur ein Garten, sondern ein Symbol für das, was wirklich zählt: Frieden, Einheit und die Verbindung zur Natur."

Vokabelliste

la verdad	die Wahrheit
la restauración	die Restaurierung
avanzar	fortschreiten
el análisis	die Analyse
el refugio	der Rückzugsort / das Refugium
el símbolo	das Symbol
la esperanza	die Hoffnung
el progreso	der Fortschritt
el sendero	der Weg / der Pfad
el parterre	das Blumenbeet / das Parterre
el pozo	der Brunnen
subterráneo/a	unterirdisch
la pérgola	die Pergola
el ciclo de las estaciones	der Zyklus der Jahreszeiten
vivo/a	lebendig
el legado	das Vermächtnis
la paz	der Frieden
la unidad	die Einheit
la conexión	die Verbindung

Capítulo 10: La inauguración

Después de meses de arduo trabajo, finalmente llega el gran día: la mansión restaurada y el jardín secreto se abren como un nuevo centro cultural para la ciudad. Javier, Elena y Clara están frente al edificio, observando cómo los primeros invitados comienzan a llegar. El sol brilla sobre la fachada recién pintada, y el jardín huele a lavanda y romero.

"No puedo creer que lo hayamos logrado", dice Elena mientras mira orgullosa el jardín. Los caminos están claramente definidos, la pérgola restaurada luce imponente, y el pozo fluye suavemente en el centro del espacio.

De repente, un funcionario municipal se acerca a Clara con expresión preocupada. "Clara, tenemos un problema", dice. "La autorización para la inauguración no está completa. No podemos realizar el evento oficialmente."

Clara frunce el ceño. "Eso no puede ser. Entregué los documentos hace semanas."

"Sí, pero falta la confirmación final", responde el funcionario. "Sin ella, no podemos autorizar un evento público."

Elena y Javier escuchan la conversación y se acercan rápidamente. "¿Qué podemos hacer?" pregunta Javier. "La gente ya está aquí, y todo está listo."

Clara reflexiona un momento. "Voy al ayuntamiento a aclararlo. Tal vez es un error en la oficina." Se dirige a

Elena y Javier. "Vosotros os quedáis aquí y os aseguráis de que todo esta bajo control."

Mientras Clara va al ayuntamiento, Javier y Elena intentan mantener a los invitados entretenidos. Organizan pequeños recorridos por el jardín y cuentan la historia de la mansión y el jardín. Los visitantes están fascinados por los parterres restaurados, las plantas aromáticas y los detalles poéticos que se encuentran en el lugar.

"Este es más que un jardín", dice Elena a un grupo de visitantes. "Es un símbolo de paz, tanto en el pasado como en el presente."

Javier añade: "La familia que creó este jardín quería dejar un legado. Y ahora podemos compartirlo con la ciudad."

Después de una hora, Clara regresa, un poco agitada pero con una sonrisa de alivio. "¡Todo resuelto! La confirmación estaba en el sistema, pero no se había registrado correctamente. Ahora tenemos la autorización oficial."

Javier y Elena respiran aliviados. "Eres nuestra salvadora, Clara", dice Javier.

Con la autorización en mano, la inauguración comienza oficialmente. El alcalde da un breve discurso destacando la importancia del nuevo centro cultural. "Esta mansión y este jardín son un regalo para la ciudad de Ronda", dice. "Un lugar donde se encuentran la historia, la cultura y la naturaleza."

Después del discurso, Javier y Elena guían a los invitados por el gran salón y el jardín. Muchos de los visitantes se sienten conmovidos por la historia del lugar y la dedicación que implicó su restauración.

Al final del día, cuando los últimos invitados se han ido, Javier, Elena y Clara se sientan en el banco de piedra frente a la mansión . El jardín está tranquilo, iluminado por la suave luz del atardecer.

"Lo logramos", dice Elena, recostándose. "Y se siente bien."

Javier sonríe y la mira. "No podría haber salido mejor. Gracias por hacerlo conmigo."

Clara se pone de pie y sonríe. "Los dejo a ustedes dos. Creo que tienen algo que hablar." Con una sonrisa cómplice, se dirige a la mansión .

Elena mira a Javier, y por un momento, el tiempo parece detenerse. "Es hermoso haber podido devolverle la vida a este lugar", dice suavemente. "Tiene algo mágico."

"Así es", responde Javier, sosteniendo su mirada un momento. Luego, ambos miran al horizonte, satisfechos con lo que han logrado juntos.

Kapitel 10: Die Eröffnung

Nach Monaten harter Arbeit ist es endlich so weit: Das restaurierte Herrenhaus und der geheime Garten werden als neues Kulturzentrum der Stadt eröffnet. Javier, Elena und Clara stehen vor dem Gebäude und beobachten, wie die ersten Gäste eintreffen. Die Sonne scheint warm auf die frisch gestrichene Fassade, und im Garten duftet es nach Lavendel und Rosmarin.

"Ich kann es kaum glauben, dass wir es geschafft haben", sagt Elena und wirft einen stolzen Blick auf den Garten. Die Wege sind klar definiert, die Pergola wurde restauriert, und der Brunnen sprudelt sanft in der Mitte des Gartens.

Doch plötzlich kommt ein städtischer Beamter auf Clara zu und sieht besorgt aus. "Clara, wir haben ein Problem", sagt er. "Die Genehmigung für die Eröffnung ist noch nicht vollständig eingereicht. Wir können die Feier so nicht offiziell abhalten."

Clara runzelt die Stirn. "Das kann nicht sein. Ich habe die Unterlagen vor Wochen abgegeben."

"Ja, aber es fehlt die endgültige Bestätigung", sagt der Beamte. "Ohne sie können wir keine öffentliche Veranstaltung genehmigen."

Elena und Javier hören das Gespräch und kommen sofort dazu. "Was können wir tun?" fragt Javier. "Die Leute sind schon da, und alles ist vorbereitet."

Clara überlegt einen Moment. "Ich gehe zum Rathaus und kläre das. Vielleicht hat sich jemand im Büro vertan." Sie wendet sich an Elena und Javier. "Ihr bleibt hier und sorgt dafür, dass alles ruhig bleibt."

Während Clara zum Rathaus eilt, versuchen Javier und Elena, die Gäste abzulenken. Sie führen kleine Gruppen durch den Garten und erzählen die Geschichte des Hauses und des Gartens. Die Menschen sind begeistert von den restaurierten Beeten, den duftenden Pflanzen und den poetischen Details, die überall im Garten zu finden sind.

"Das hier ist mehr als nur ein Garten", sagt Elena zu einer Gruppe von Besuchern. "Es ist ein Ort, der Frieden symbolisiert – damals wie heute."

Javier ergänzt: "Die Familie, die diesen Garten geschaffen hat, wollte ihn als Vermächtnis hinterlassen. Und jetzt können wir ihn mit der Stadt teilen."

Nach einer Stunde kehrt Clara zurück, außer Atem, aber mit einem erleichterten Lächeln. "Alles geklärt! Die Bestätigung war tatsächlich im System, aber sie wurde nicht richtig zugeordnet. Wir haben die Genehmigung offiziell erhalten."

Javier und Elena atmen auf. "Du bist ein Lebensretter, Clara", sagt Javier.

Mit der Genehmigung in der Hand wird die Feier offiziell eröffnet. Der Bürgermeister hält eine kurze Rede, in der er die Bedeutung des neuen Kulturzentrums hervorhebt. "Dieses Haus und dieser Garten sind ein Geschenk für die Stadt Ronda", sagt er. "Ein Ort, an dem Geschichte, Kultur und Natur aufeinandertreffen."

Nach der Rede führen Javier und Elena die Gäste durch den großen Saal und den Garten. Viele Besucher sind gerührt von der Geschichte des Hauses und der Familie, die den Garten geschaffen hat.

Am Ende des Tages, als die letzten Gäste gegangen sind, sitzen Javier, Elena und Clara auf der steinernen Bank vor dem Haus. Der Garten ist still, beleuchtet vom sanften Licht der untergehenden Sonne.

"Wir haben es geschafft", sagt Elena und lehnt sich zurück. "Und es fühlt sich gut an."

Javier lächelt und schaut sie an. "Besser hätte es nicht laufen können. Danke, dass ihr das mit mir gemacht habt."

Clara erhebt sich und lächelt. "Ich lasse euch beide mal allein. Ich denke, ihr habt noch etwas zu besprechen." Mit einem Augenzwinkern geht sie ins Haus.

Elena sieht Javier an, und für einen Moment scheint die Zeit stillzustehen. "Es ist schön, dass wir diesen Ort wiederbeleben konnten", sagt sie leise. "Er hat etwas Magisches."

"Das hat er", antwortet Javier und hält ihren Blick für einen Moment. Dann schauen beide in die Ferne, zufrieden mit dem, was sie gemeinsam erreicht haben.

Vokabelliste

la inauguración	die Eröffnung / Inauguration
la autorización	die Genehmigung
la oficina administrativa	die Behörde
el problema	das Problem
aclarar	klären
los visitantes	die Besucher
entretener	unterhalten / ablenken
el recorrido	die Führung
el regalo	das Geschenk
el alcalde	der Bürgermeister
el discurso	die Rede
el legado	das Vermächtnis
la paz	der Frieden
la unidad	die Einheit
orgulloso/a	stolz
el aroma	der Duft
simbolizar	symbolisieren

Epílogo: Un año después

Entrada en el diario de Elena, 12 de junio

Hoy ha pasado exactamente un año desde que la antigua mansión ha sido inaugurada como centro cultural. Recuerdo haber estado nerviosos todos en ese momento, preguntándonos si la restauración y nuestro proyecto habrían tenido aceptación. ¿Y ahora? Este lugar se ha convertido en un punto de encuentro donde las personas han venido a vivir la historia y la belleza de este lugar tan especial.

El jardín secreto ha resultado ser un verdadero tesoro, no solo por su diseño único, sino también por las historias que hemos encontrado en las notas escondidas. Todavía me ha conmovido leer cómo Doña Yolanda lo ha descrito como un lugar de calma y esperanza. Pero ha sido gracias a las notas y a la larga investigación que he entendido por qué este jardín y también los frescos de la casa han estado ocultos tanto tiempo.

La familia Gutiérrez ha tenido que adaptarse una y otra vez a las cambiantes corrientes políticas en España. Se han escondido, junto con valientes y leales seguidores, en el jardín para no haber estado en peligro.

Los frescos, que en su momento han mostrado con orgullo su lealtad y fe, han sido finalmente cubiertos para protegerlos de una mala interpretación. Y el jardín, se ha cerrado como si no existiera, quizás por miedo a que su significado atrajera demasiada atención hacia la familia.

Es una historia de pérdida y protección al mismo tiempo, pero también muestra que nada que haya sido verdaderamente importante se ha perdido por completo. Hoy, el jardín ha florecido nuevamente, y cada vez que entro, siento que Doña Yolanda ha sonreído.

Este año no solo ha cambiado la mansión. También Javier y yo hemos cambiado, o mejor dicho, nos hemos encontrado el uno al otro. Nuestra colaboración, nuestras conversaciones y las incontables horas que hemos pasado juntos en este proyecto nos han acercado más de lo que nunca he imaginado.

Hoy, Javier me ha traído un pequeño banco de madera que él mismo ha construido. Lo ha colocado aquí en la pérgola, para que pueda escribir cuando quiera.

Mientras estoy sentada aquí, pienso en la familia Gutiérrez y en los perseguidos que, durante las luchas políticas, se refugiaron una y otra vez en la pérgola. El amplio espacio, cubierto de hiedra y plantas, no solo ofrecía protección contra el clima, sino también una cierta seguridad. Era un lugar donde se podía esconder, al mismo tiempo que se encontraba tranquilidad y refugio.

FIN

Epilog: Ein Jahr später

Tagebucheintrag von Elena, 12. Juni

Heute ist genau ein Jahr vergangen, seit das alte Herrenhaus als Kulturzentrum eröffnet wurde. Ich erinnere mich noch gut, wie nervös wir damals waren. Wir fragten uns, ob die Restaurierung und das, was wir geplant hatten, den Menschen gefallen würden. Und nun? Der Ort ist zu einem Treffpunkt geworden, an dem Menschen die Geschichte und die Schönheit dieses besonderen Ortes erleben können.

Der geheime Garten hat sich als wahrer Schatz erwiesen, nicht nur wegen seiner besonderen Gestaltung, sondern auch wegen der Geschichten, die wir in den versteckten Notizen gefunden haben. Es berührt mich immer noch, zu lesen, wie Doña Yolanda den Garten als Ort der Ruhe und Hoffnung beschrieben hat. Aber erst durch die Notizen und die lange Recherche wurde mir klar, warum der Garten und auch die Fresken im Haus so lange verborgen blieben.

Die Familie Gutiérrez musste sich immer wieder an die sich ändernden politischen Strömungen in Spanien anpassen. Sie haben sich und brave, tapfere Gefolgsleute im Garten versteckt, um nicht in Gefahr zu geraten. Die Fresken, die einst stolz ihre Loyalität und ihren Glauben zeigten, wurden schließlich übermalt, um sie vor Zerstörung oder falscher Deutung zu schützen. Und der Garten wurde verschlossen, als gäbe es ihn nicht, vielleicht aus Angst, dass seine Bedeutung zu viel Aufmerksamkeit auf die Familie lenken könnte.

Es ist eine Geschichte von Verlust und Schutz, aber sie zeigt auch, dass nichts, was wichtig ist, wirklich verloren geht. Heute blüht der Garten in neuem Glanz, und jedes Mal, wenn ich ihn betrete, habe ich das Gefühl, dass Doña Yolanda lächelt.

In diesem Jahr hat sich nicht nur das Herrenhaus verändert. Auch Javier und ich haben uns verändert – oder besser gesagt, wir haben zueinander gefunden. Unsere Zusammenarbeit, unsere Gespräche und die vielen Stunden, die wir gemeinsam in diesem Projekt verbracht haben, haben uns nähergebracht, als ich es mir je hätte vorstellen können.

Heute hat Javier mir eine kleine Holzbank mitgebracht, die er selbst gebaut hat. Er hat sie hier in die Pergola gestellt, damit ich schreiben kann, wann immer ich möchte.

Während ich hier sitze, denke ich an die Familie Gutiérrez und ihre Verfolgten, die während der politischen Kämpfe immer wieder in die Pérgola geflüchtet sind. Der weite Raum, überdacht mit Efeu und Pflanzen, bot nicht nur Schutz vor dem Wetter, sondern auch eine gewisse Sicherheit. Es war ein Ort, an dem man sich verstecken konnte und gleichzeitig Ruhe und Geborgenheit fand.

ENDE

Vokabelliste

la aceptación	die Akzeptanz
el punto de encuentro	der Treffpunkt
el tesoro	der Schatz
el diseño único	das einzigartige Design
las notas escondidas	die versteckten Notizen
conmover	berühren
la investigación	die Forschung
las corrientes políticas	die politischen Strömungen
esconderse	sich verstecken
los seguidores	die Anhänger
la destrucción	die Zerstörung
la mala interpretación	die falsche Interpretation
el significado	die Bedeutung
atraer	anziehen
la atención	die Aufmerksamkeit
la pérdida	der Verlust
florecer	erblühen
la colaboración	die Zusammenarbeit
acercar	näherkommen
conmover	rühren
el atardecer	der Sonnenuntergang
la transitoriedad	die Vergänglichkeit

Wenn du jetzt das Ende der Geschichte erreicht hast, kannst du stolz auf dich sein!

Diese Geschichte ist vielleicht ein wenig anspruchsvoll, aber mit der deutschen Übersetzung an deiner Seite ist sie sicherlich gut verständlich.

Du hast viele neue Wörter und Ausdrücke kennengelernt, vor allem durch die häufige Wiederholung von Begriffen, die im Zusammenhang mit der Story stehen.

Du hast gemerkt, wie du dich immer mehr auf den Kontext verlassen kannst, um auch schwierige Wörter zu verstehen. Genau das ist der Schlüssel zum Sprachenlernen: Schritt für Schritt wächst dein Verständnis, und du hast die Geschichte nicht nur durchgelesen, sondern sie wirklich entdeckt.

Weiter so!

¡Si has llegado al final de la historia, puedes estar orgulloso de ti mismo!

Esta historia quizás es un poco exigente, pero con la traducción al alemán a tu lado, seguramente es fácil de entender.

Has aprendido muchas palabras y expresiones nuevas, especialmente gracias a la repetición frecuente de términos relacionados con la historia.

Te has dado cuenta de cómo cada vez más te has apoyado en el contexto para entender incluso las palabras difíciles. Ese es el verdadero secreto para aprender un idioma: paso a paso, tu comprensión crece, y no solo has leído la historia, sino que realmente la has descubierto.

¡Sigue así!

¡Gracias por leer este libro!

Me alegra que quieras explorar el idioma español y espero que hayas disfrutado de la historia.

¡Prepárate para el próximo capítulo lleno de emoción y aprendizaje!

Vielen Dank, dass du dieses Buch gelesen hast!

Es freut mich, dass du die spanische Sprache erkundest, und ich hoffe, du hattest Spaß an dieser Geschichte.

Freu dich auf die nächste spannende Folge voller Abenteuer und Lernfreude!